Anton Friedrich Büsching

Grundriss der allgemeinen Haushaltungswissenschaft

Zum Nutze der Jugend entworfen

Anton Friedrich Büsching

Grundriss der allgemeinen Haushaltungswissenschaft
Zum Nutze der Jugend entworfen

ISBN/EAN: 9783743484535

Hergestellt in Europa, USA, Kanada, Australien, Japan

Cover: Foto ©ninafisch / pixelio.de

Manufactured and distributed by brebook publishing software
(www.brebook.com)

Anton Friedrich Büsching

Grundriss der allgemeinen Haushaltungswissenschaft

Grundriß
der
allgemeinen
Haushaltungswissenschaft.
Zum
Nutzen der Jugend
entworfen
von
D. Anton Friedrich Büsching.

Oberconsistorialrath, und Director des vereinigten Berlinischen und Cölnischen Gymnasii, und der davon abhängenden Schulen.

Leipzig 1789.
Und Biel in der neuen Buchhandlung.

Vorrede

zu der eꝛſten Ausgabe.

Selten wird daran gedacht, der Jugend Lehren und Regeln zu geben, welche die allgemeine Haushaltungswiſſenſchaft betreffen. Sie wird alſo mehrentheils erſt durch Schaden klug, vor welchem man ſie doch durch frühzeitigen Unterricht zu bewahren ſuchen ſollte. Ich habe ſchon 1762 zu St. Petersburg für nöthig erachtet, Lehren und Regeln der allgemeinen Haushaltungswiſſenſchaft aufzuſetzen, und dieſelben den Schülern der Schule, welche ich daſelbſt anlegte, vortragen, und durch Beiſpiele erläutern zu laſſen. Ich machte mir bey dieſem Entwurf dasjenige zu Nutze, was Joh. Heinrich Gott-

A 2

lob

Iob von Justi in seiner Staatswis-
senschaft Theil 1. S. 381. f. von dieser Materie geschrieben hat. Im ver-
wichenen Winter habe ich diesen auch
in Berlin gebrauchten Entwurf, umge-
arbeitet, erweitert und fruchtbarer gemacht, auch selbst den Gymnasiasten der
ersten Klasse des vereinigten berlinischen
und cölnischen Gymnasii, vorgetragen,
und ihn nach meiner eigenen Erfahrung durch viele Beyspiele erläutert und
bestätiget. Da ich nun überzeugt bin,
daß ein solcher Unterricht für die Jugend sehr nöthig und nützlich sey, so
habe ich mich entschlossen, diesen kurzen
Entwurf desselben, durch den Druck
mitzutheilen, in der zuversichtlichen Hofnung, daß erfahrne Personen denselben
brauchbar finden werden. Ich wünsche
aber auch, daß alle öffentliche und Pri-
vatlehrer, welche denselben für ihre Zuhörer gebrauchen wollen, ihn mit Verstand und Klugheit erläutern, und durch
ihre eigene Erfahrung nützlich bereichern
mögen. Berlin, am 13ten April 1776.

Die

Die Stücke der ersten Auflage dieses Grundrisses, sind abgegangen, und
es ist eine neue nothwendig geworden.
Es hat aber diese nur einige kleine Zu-
sätze und Verbesserungen bekommen, so
daß das Büchlein fast ganz unverän-
dert geblieben ist. Berlin, am 31sten
August 1776.

Neue Vorrede.

Dieß Werkchen hat sich seit 12 Jahren
selten gemacht, denn nach der Ausgabe
von 1776 ist keine neue erschienen. Eine
Hauptursache davon ist wohl die einge-
gangene Buchhandlung der Hrn. Buchen-
röder und Ritter in Hamburg, welche
es in Verlag hatten. Wir wagen eine neue Ausgabe hier zu lande, und vermuthen nicht ohne Grund,
das Büchlein werde in mehrern Gymnasien der Schweiz eingeführt werden.
Man sah die Nutzbarkeit desselben auch
in Deutschland ein, aber daß es zum
öffentlichen Gebrauche bestimmt worden
wäre, ist uns nicht bekannt worden,

A 3   wenn

wenn wir Berlin ausnehmen, wo es
der Herr Verfaſſer zum eigenen Unterricht anwandte. Man lehrt noch immer faſt in allen Schulen und Gym-
naſien, lieber ſpielende Theorien und
Anatomie der Inſekten; als die ſo
allgemein bürgerlich anwendbare, aber
eben darum auſſer dem Geſichtskreiſe
gelehrter Leute liegende — Haushaltungswiſſenſchaft. Sie wird höch-
ſtens noch mit der Sittenlehre ober-
flächlich behandelt, ohne Energie
und Wahrheit, ohne Selbſtbeiſpiel und
eigene Ueberzeugung. Sokrates und
alle Weiſen des Alterthums ſprachen ſehr
oft mit ihren Schülern über die wichtig-
ſten Gegenſtände der Haushaltungskunſt; und Ariſtoteles rechnete
die Oekonomie den philoſophiſchen
Wiſſenſchaften bey. Auch iſt es in der
That unmöglich, des Lebens wahrhaft
froh zu werden, wenn nicht voraus die
äuſſerlichen Verhältniſſe uns für Armuth
und Verachtung ſchützen. Der Menſch
erhält aus der Verbindung mit den
bürgerlichen Pflichten ſo viele wichtige
Vor-

Vortheile, daß es wohl der Mühe werth
ist, früh zu überrechnen, was ihm als
Geschäftsmann, als Glied der Gesellschaft, als Vater einer Familie zu be-
sorgen obliege, und wodurch er seinen
Zustand sichern, erhöhen und beglücken
könne. Aber man glaubt noch immer
sehr verkehrt, Wissenschaft sey Weisheit. Und der Lehrer giebt in seinem
Thun und Lassen nur zu oft Blößen,
die es beweisen, daß es unendlich leichter sey, Theorien zu schmieden, als selbst
klug zu handeln. Man rechnet noch
überall zu viel auf den Lehrunterricht,
und bedenkt nicht, daß alle Grundsätze
und Regeln verschallende Worte sind,
so lange sie nicht durch Selbstthun
ihre Sanction erhalten, und durch Bei-
spiele anschaulich werden.

Unser Zeitalter liefert leider der
traurigen Erfahrungen zerrütteter Haus-
wirthschaften so viele, daß wir nicht
ängstlich erst umher suchen dürfen, sondern sie täglich vor unsern Augen auf-
geführt sehen. Diese Anlässe benutze
der Lehrer, aber mit der nöthigen Klug-

heit,

heit, um seine Zuhörer von dem Werth
einer ordentlichen Lebensart zu überzeugen. Ist es jemals nöthig gewesen,
die Scheingründe des Luxus in ihrer
Blöße und Armseligkeit darzustellen; so
ist es gegenwärtig, da Geldmangel, ge-
häufte Bedürfnisse, die Nachtheile eines
unordentlichen Hauswesens, mit jedem
Tage steigen und sichtbarer werden. Der
Hausvater ist sich jetzt in seinem eignen
Hause fremde. Die Mode macht ihn
zum Sklaven. Ein falscher Ehrgeiz,
gemeiniglich eine unverständige junge
Gattin, halten ihn so fest an den 999
Thorheiten, daß er nicht selten darüber
Ehre, Gewissen, Bequemlichkeit und allen frohen Genuß des Lebens aufopfert.
Und wie groß ist der Verlust auch für
die Erziehung! Denn es giebt keine
Familien mehr, Zwang und Etiquette
haben alle natürliche Bande aufgelößt.

Da also das Beyspiel im elterli-
chen Hause den armen Kindern nun fast
überall fehlt, ein Vortheil, der sonst so
unendlich viel Gutes für das ganze Leben bewirkte; so müssen die Lehrer ihre
Pflicht

Pflicht besto nachdrücklicher thun, und
diese immer wichtiger werdende Thorheiten recht ernstlich bey allen Anlässen
und Vorfällen rügen, und ihre gemein-
schädliche Folgen entwickeln. Gottlob!
der einfache Natursinn kann überall bald
durch die falsche Hülle sehen, und vielleicht besiegt das naife Kind den etwas
verschraubten Menschensinn der Alten.
Aber ich wiederhohle es nochmals, mit
den blossen Lehren ist es nicht gethan,
man muß den Kindern Tugendübungen
geben. Beyspiele aus dem wircklichen
Leben, wenn sie passend gewählt sind, machen bey ihnen einen bleibenden Eindruck:
Denn abstrakte Sätze vortragen, ohne
sie in Körper und Geist aufzulösen, ist wahre Pedanterie; wie soll das Kind die
fremden Ideen in seinem Kopf ordnen oder
anwenden, da es ohne alle Erfahrung ist,
und zu jedem Begriffe einer sinnlichen Vor-
stellung bedarf? Die Welt, die Welt
ist die beste Schule für Junge und Alte;
und die Weisheit des Lehrers muß sie darinn recht bekannt machen.

A 5

Das

Das gegenwärtige in kurzen Para=
graphen abgetheilte Handbüchlein für Leh=
rer und Jünglinge, kann zu einem ge=
schickten Wegweiser dienen, um die Haus=
haltungswissenschaften praktisch zu er=
läutern und zu studiren. Der Herr
Verfasser sagt selbst in der Vorrede, daß
er es beym mündlichen Vortrag mit
mannigfaltigen Beyspielen aus eigener
Erfahrung fruchtbar mache. — Denn
alle Theorie und methodische Abhandlung
ist umsonst, wenn nicht ein geschickter
Lehrer die eigene Kenntniß und Erfahrung
hinzuthut; und dieß gilt vorzüglich bey
dem Unterricht in einer Wissenschaft, die
ganz aus dem thätigen Leben abstrahirt
ist, und zu gleicher Thätigkeit und Klug=
heit begeistern soll. Man kann nichts
zweckmäßigeres mit jungen Leuten treiben,
als solche Vorübungen. Die Haushal=
tungswissenschaft erfordert Geschick=
lichkeit zur künftigen Erwerbung und Er=
haltung zeitlicher Güter; — eine aus=
daurende Rechtschaffenheit in allen Unter=
nehmungen; voraus aber einen Geist
der Ordnung und Arbeitsamkeit. Welche

fort=

fortgeſetzte lange Uebung iſt dazu nö»
thig, bis der junge Menſch einen ſol»
chen Karakter liebgewinnt; und wie einer
noch gröſſern Anſtrengung bedarf es, bis
er ſich ihn in einem gewiſſen Grade ha»
bituell gemacht, daß er immer nach rich»
tigen Grundſätzen handelt und ſeine Ent»
ſchlieſſungen darnach nimmt. Dieſe Ue»
bungen dauren durch das ganze Le»
ben fort; und eben darum wird ein Ge»
ſchäftsmann in jedem Falle der Welt ſo
brauchbar, weil er in ſeinem Berufe ſo den
Geiſt zu üben mancherley Anläſſe findet.
Wie vollwichtig können hier die Aufforde»
rungen an junge Leute über den Werth
des geſchäftigen Lebens, werden! Durch
wie vielerley Beyſpiele würdiger Patrioten
können ſie dazu Muth und Anreizung
faſſen!

Aber auch das durch Luxus und Wolle»
ben getödtete Leben einer ſo groſſen An»
zahl Menſchen nütze der Lehrer für ſeine
Zöglinge. Er führe ſie in die Schu»
le der von Modelaſtern hingeriſſenen
Menſchen, damit ſie bald die Früchte der
Thorheit kennen lernen. Hier werden
ſie

sie häufige Beyspiele von vernachlä-
sigten häuslichen Pflichten sehen;
sie werden auf gut und schlecht bestellte
Wirthschaften, auf den Zustand ordent-
licher und nachläßiger Hauswirthe aufmerksam gemacht. Er mache sie für den
edlen Stolz empfindlich, sein eigener
Herr zu seyn; und welche Vortheile
aus dem Stande der Unabhängigkeit
entspringen; daß sie sich lieber einigen Un-
bequemlichkeiten unterziehen, als von fremder Gunst abzuhangen. Ein etwas unbe-
quemer Anfang bey irgend einer Handlung
oder Gewerb ist zwar immer mit mehr
Mühe, aber auch gar oft mit einem desto
sicherern Fortgange verbunden. Der
Mensch kann endlich alles, wenn er
nur Beharrlichkeit hat!

Von jeder Einnahme ist noch ein
Ersparniß möglich. Man muß täglich
auf die ungewissen Fälle zurücklegen, wenn
man nicht früher oder später in Verlegenheit und Schande gerathen will. Und
es ist das wahre Zeichen des Unverstan-
des und der Kinderey, wenn man künftig
herein-

hereinbringen will, was man heute ver-
schleudert. Das Verschleuderte ist immer unwiederbringlich; und es ist ein
verderblicher Leichtsinn, wenn man spricht:
es werden schon bessere Zeiten kommen,
wo dann eher ein Ersparniß möglich seyn
werde; wer sich selbst so hintergehen kann,
wird gewiß nie reich werden, und die
guten Zeiten erscheinen ihm nie.

Man sage also den Kindern wie es
die Leute gemacht haben, die jetzt geehrt
und reich sind. Man erkläre es ihnen
durch wahre und erdichtete Beyspiele, wie
über ein künftiges Eigenthum zu wachen;
es zu erhalten und zu vermehren sey.
Die Handwerker erinnere man, wie sie
als Lehrjungen und Gesellen, mit dem,
was sie erwerben, gut umgehen, und
endlich, wie sie als Meister und Herren,
als Hausväter und Ehegatten ihre Haushaltung einrichten sollen. Man lehre die
Zöglinge, wie über solche Gegenstände die
Rechnungen einzurichten; was zur Nah-
rung, Wohnung, Kleidung, Wohlthätigkeit gegen Arme, erforderlich, nöthig
und nützlich sey? Ueber die Ausgaben
für

für die Vergnügungen und Ergötzlichkei‐
ten, so wie über das was der
„Wohlstandshalber“ will — mache
man sie recht fest; damit sie wissen, wo
diese Dinge am gehörigen Orte sind, und
einigen Werth haben. Das grosse Ge‐
setz der Sparsamkeit leuchte aber überall
diesen Erinnerungen vor, und gebe den
Lehren Einheit und Wahrheit. Man
sage ihnen, daß der rechtschaffene Bür‐
ger nicht nur arbeitet um zu leben, son‐
dern auch um zu gewinnen; er muß nicht
blos zu erwerben, sondern auch zu er‐
halten wissen. Gleich entfernt von
schmutziger Kargheit und niederträchtigem
Geiz, lebt er im stillen häuslichen frohen
Genuß, und im Wohlthun. Alle seine
Unternehmungen bezeichnet er mit stillem
Ernst; ohne Geräusch; ohne Praleren; —
er erhält Ehre und Zutrauen; ob er
gleich an das althergebrachte spiesbürger‐
liche „Ehren‐halber“ — nicht glaubt,
wodurch der Bettelstolz seine Blöse deckt.
Er hat diesen Zwang nicht nöthig, denn
er verlangt kein Geschenk, so wie er keines
aus blosser Ceremonie giebt. Und auch
diese

dieſe edle Entſchloſſenheit ſollte jungen
Leuten zur Nachahmung empfohlen
werden.

Ich benutze dieſe Gelegenheit, um
noch ein paar Wahrheiten zu wiederhoh,
len, welche Lehrern und Eltern nicht oft
genug können eingeſchärft werden. Glaube
ja nicht, daß ihr eure Zöglinge glücklich
machet, wenn ihr ſie zu bloſſen Vielwiſſern
bildet. Warlich, ohne moraliſche Güte
hat der Menſch keinen Anſpruch auf Hoch,
achtung. Man kann ſehr gelehrt und
ein höchſt ſchlechter Menſch ſeyn, wie wir
der Beyſpiele leider unter den Gelehrten
ſo viele haben! Das Herz, das Herz
iſt die Quelle der Zufriedenheit und des
Wohlſeyns für uns und alle die mit uns
leben. — Arbeitet alſo vorzüglich dahin.
Wiſſenſchaft thut nicht alles. Ein gu,
ter Verſtand, der ſeine Fähigkeiten thä,
tig nützt, iſt mehr werth, als ein Phan,
taſiereiches Originalgenie; dieſem möchte
man kein bürgerliches Geſchäft leicht anver,
trauen. Der ſchlichte Menſchenverſtand
iſt immer noch der beſte; alle groſſe Gei,
ſter appelliren endlich doch an ihn, nach,
dem

dem sie lange in öden Feldern herumgeir-
ret sind, neue Pfade der Wahrheit zu entdecken; und diesen gemeinen Menschen-
verstand kultiviren, heißt sich und seine
Lehrlinge belohnen. Wie viel müssen
wir, und können auch ohne Schaden
von den heutigen Wissenschaften entbehren, wenn wir den wahren Werth der
Zeit und ihre nützliche Anwendung schätzen
gelernt haben. Seht um euch liebe
Freunde, wie so selten jene Menschen
glücklich werden, die zu einem bürgerlichen Berufe bestimmt sind, und sich zu weit
ausser ihrer Sphäre wagen; wie sie gemeiniglich eine Unzufriedenheit an allem, was
sie umgiebt, äussern; jede Arbeit unbehag-
lich finden, und ohne Entschlossenheit, ohne Muth an ihre Geschäfte gehen. Sie
fassen einen zu hohen Werth von ihrem
eigenen Wissen, daß sie knechtische Arbeiten verabscheuen, oder sie mit Widerwil-
len verrichten, und unfehlbar werden sie sich
und die ihrigen einst unglücklich machen.
Und wie wahr ist es doch, daß nur der
Mensch recht zufrieden lebt, der im
Schatten seiner Familie friedlich ruhet,
und

und wirket nicht, wo er wirken mag,
sondern wo er zu wirken Ruf und Pflicht
hat.

Ein jeder Mensch kann in jedem
Stande unendlich viel Gutes wirken und
veranlassen; er kann Ordnung, Liebe,
Treue beweisen, und diese Tugenden gelten
noch jenseits des Grabes: wo wir sonst von
allen irdischen Wissenschaften nichts mit
hinüber nehmen. Es ist also meistens
Eitelkeit, wenn sich ein Mensch einen andern Stand wünscht. Ihr Menschenfreunde! pflanzt in die jungen Gemüther
doch Zufriedenheit mit ihrem Schicksal.
Lehret sie es weislich nützen — denn alles liegt auf der Benützung der Lage, in
die uns die Vorsicht zu setzen für gut gefunden hat. Sind sie nur erst weise
Menschen, dann wird sich alles übrige
von selbst geben. Aber machet diese junge unerfahrne Leute nur frühe aufmerksam
auf alle Dinge, die ihre Zufriedenheit
einst vermehren oder vermindern können.

Die ganze menschliche Gesellschaft
ist eine Haushaltung Gottes, wo er
einem jeden seine Stelle angewiesen

B   hat;

hat; wer hier treu verharret, und sich veredelt bey seinen irdischen Geschäften, der ist fähig in dem höhern Plane Gottes weiter zu rücken. Wer unnütze, boshaft oder träge sich verhält, der ist ein Störer des allgemeinen Wohls, er hemmt die Ordnung, verletzt die Freiheit, und bringt dem Ganzen einen unersetzlichen Schaden. Auch diese grosse Wahrheit erkläre der Lehrer seinen Zöglingen bey dem wirthschaftlichen Unterricht. Er zergliedere ihnen den Bau der bürgerlichen Gesellschaft; er zeige ihnen wie aus glücklichen Familien glückliche Nachkommen entspringen, und dadurch blühende Staaten entstehen; wie immer die Wohlfahrt der Einzelnen in die Wohlfahrt aller Theile eingreift, und daß nur alle **Einen** Zweck haben, daß es jedem wohlgehe.

Welch ein glückseliges Land wo recht viele so gebildete und unterrichtete Menschen wohnen! Es ist das blühendste und das gesegneteste vom Himmel. Sein Wohlstand leuchtet einem halben Weltkreis zur Freude und Lust!

Wie

Wie entzückt sind nicht unsere Reisende,
wenn sie hie und da ein solches isolirtes
glückseliges Völklein entdecken ; wie
sorgfältig bemerken sie den Eindruck den
es auf ihre begeisterte Seele gemacht ;
zum wahren Beweise, daß dieß häus-
liche Glück in Europa etwas seltenes ist!

Ein solch redendes Beyspiel von
Menschenerziehung für dieses Leben, fin-
de ich in den neuen Anstalten in den
handverischen und heßischen Landen;
in Gegenden, die sonst in drückender Armuth schmachteten. Hier werden jetzt
junge Leute zum Fleiß und zur Rechtschaffenheit erzogen, nach einem neuen
Plane wohlthätiger Menschen. Die
Kinder erhalten Unterricht in der Religion, Sittenlehre und Privatklugheit;
und damit ist der praktische Unterricht
verbunden, welcher darinn besteht, daß
man ihnen auf mehrere Arten Gelegenheit giebt, zu erwerben, und sich
durch Arbeit und Fleiß auszuzeichnen.
Sie gewöhnen sich in dieser Schule zur
Ordnung, zur Aufmerksamkeit, zur
Folgsamkeit und ausdaurenden Em-

sig-

ſigkeit; lauter Eigenſchaften die in
dem geſellſchaftlichen Leben Prinzipaltu-
genden ſind, und das Glück eines Menſchen gründen. Die Kinder bekommen
früh einen Abſcheu an Müßiggang, und
Betteley iſt bey ihnen die größte Schande. Doch die guten Folgen, welche
aus ſolchen gemeinnützigen Anſtalten
entſpringen, will ich einen würdigen
Prediger ſchildern laſſen, welcher ſelbſt
Stifter und Vorſteher einer ſolchen
Volksſchule iſt. *) Dieß ſind wahre
Philantropine, ob ſie gleich nicht durch
zwey und dreyßig Wiſſenſchaften auf-
klären. —

(Arbeitsſchule zu Wake bey Göt-
tingen.)

„Der Nutzen dieſer Anſtalt iſt groß;
er iſt mannigfaltig. Schon jetzt iſt
er es, und wird es künftig, wie ich
glaube, noch mehr ſeyn. Denn
1) Mehrt

---

*) Göttinger Magazin der Induſtrie und
Armenpflege. St. 1. S. 56 f.

„1) Mehrt sie den Fleiß, die Wirk‐ samkeit, die Betriebsamkeit, die In‐ dustrie; sie rückt also schon das itzige, und noch mehr wird sie das künftige Menschenalter unserer eigentlichen wah‐ ren Bestimmung näher rücken. Denn nun müssen unsere Schüler und Schü‐ lerinnen, stets beschäftiget seyn. Nun findet, wie's die Beschreibung der hie‐ sigen Einrichtung zeigt, kein Herumgaf‐ fen, Plaudern, Necken, Kraftunter‐ drücken, Müßiggang — statt. Diesen Trieb zur Thätigkeit tragen die Kinder in ihre zum Theil faule Familien. Mit dem Freudausruf:" dieß kann ich schon! ich ward gelobt, diese Belohnung er‐ hielt ich! — kommen sie in das vä‐ terliche Haus, arbeiten was sie lernten, den Eltern vor und erwecken diese, Ei‐ nige gewiß, zur Beschämung, zu meh‐ rerem Fleiß, zum edleren Gebrauch ih‐ rer Kräfte — die Kinder gewinnen den Fleiß, die Arbeitsamkeit, die Thä‐ tigkeit — lieb; sie entwöhnen sich all‐ mählig, von dem in vielen Hinsichten schädlichen Herumlaufen auf den Straß‐

B 3

sen,

sen, und in der Nachbaren Häuser. Ge=
wiß viele von ihnen werden künftig thä=
tige Menschen seyn. Wird, muß dieß
nicht die Summe der Laster mindern?
Sie wissen, sie fühlen es dann, daß Ue=
bung und Gebrauch aller Kräfte, Bestim=
mung des Menschen; christliche Tugend,
Bildung zum Himmel sey. Nun ver=
stehen sie schon besser das Gebet im 2ten,
3ten und 4ten V. des 1000sendsten Ge=
sangs unseres Gesangbuchs und beten
es mit heisser Andacht. Nun werden
sie gerührt, wenn sie die schönen Stel=
len Salomon's: Ich gieng vor den
Acker des Faulen — Fleißige Hand
wird herrschen — Es ist ein Löwe
draussen — Um der Kälte willen,
will der Faule nicht pflügen — —
Schlaf noch ein wenig — Durch
ordentliches Haushalten — lesen
und zergliedern hören. Diese Anstalt ist

2) eine Schule der Sparsamkeit,
der Ordnung, der Reinlichkeit für die
Kinder. "

„Nicht ungewaschen, nicht in schmu=
ziger Kleidung, nicht mit unordentlich
hängen=

hängenden Haaren dürfen sie erscheinen. —— Durch Ermahnen, Tadeln,
loben und wirkliche Uebung werden sie
zur Ordnung angeführet. Sie müssen
ihre Arbeiten und Arbeitsgeräthe, an
die bestimmten Oerter stets hinlegen,
und da wieder zu finden wissen. „Lege
„jedes Ding an den rechten Ort,
„thue alles zur rechten Zeit, theile
„deine Geschäfte, Vergnügungen,
„Einnahme und Ausgabe wohl ein!"
Diese Regeln werden ihnen nicht nur
eingeprägt, sondern müssen auch bei jeder Gelegenheit ausgeübt werden. Die
Kinder müssen Kleider, Hemden, Strümpfe — so bald sie's können, selbst ver-
fertigen und ausbessern, und ersparen
dadurch theils das beste Geschenk Gottes, was sie sonst verschleuderten, die
Zeit, theils den Ihrigen Arbeitslohn
und endlich den Verlust so mancher al-
ter Kleidungsstücke, die sie sonst, weil
sie nicht flicken konnten, —— nur wenige, sehr wenige Landleute können es —
wenn sie kaum halb abgenuzt waren,
wegwarfen. Welcher Gewinn für die

Haus-

Haushaltungen! So wird diese Anstalt eine Schule der Sparsamkeit.

Könnten sie auch künftig im häuslichen Leben, durch andre Geschäfte ver-
hindert, nicht ihre Kleidungsstücke selbst
machen; so können sie doch die Güte
der Arbeit beurtheilen, also dem Handwerker das Betrügen hindern und sich
Zeug und Geld ersparen. Diese Anstalt ist

„3) den Einwohnern ein neuer Nah-
rungszweig. Wenn in dieser Gegend
Mißwachs des Flachses ist, dann entstehet hier gewöhnlich bei vielen Einwohnern Hungersnoth, und für alle der
Mangel des baaren Geldes zu den Ab-
gaben, welches der Flachsbau, nicht der
Ackerbau ihnen giebt. Nun können doch
viele, besonders die Armen Baumwol-
le und Schafwolle spinnen, so sich näh-
ren, so sich vor der Reizung zum Steh-
len sichern, so der Nothwendigkeit des
Bettelns ausweichen. In dieser Anstalt gewöhnen mir

„4) die Kinder nüzliche Unterredungen zu führen.

Selten

„Selten nur, sehr selten hört man im Kreise der Menschen aus den niedern Ständen, in Städten und Dörfern, andere als unnütze, oft schädliche Unterredungen, Verläumdungen, Lästerungen, Lügen aller Art, schmutzige Lieder und Ausdrücke, zotige, und nicht selten gotteslästerliche Gespräche. Nicht alle, vielleicht nur die wenigsten treibt böses Herz, die meisten gewiß die Nichtkenntniß wissenswürdiger Gegenstände, und die Nichtgewohnheit davon zu reden, zu diesen Gesprächen, die das Gewissen verwunden, das Herz verderben, oft die bittersten, lange fortdaurende Feindschaften, verzehrende Prozesse, Zank, Streit, Schlägereien, Unglück und Verderben jeder Art erzeugen."

„In dieser Anstalt gewöhnen wir die Kinder, zu besseren, zu nützlichen Unterredungen. Ich rede oft mit der Lehrerin und Aufseherin davon, was den Kindern nützlich seyn kann. Die Aufseherin muß dieß so durchgedachte Thema, itzt eingekleidet in eine Erzählung, dann in Fragen, bald in Aufgaben, oft in

B 5   Ermah-

Ermahnungen und Warnungen — so
daß die Kinder die Absicht des Unter-
richts und den Lehrton nicht merken,
bey der Arbeit vortragen, und stiftet gewiß grossen und bleibenden Nutzen. Die
Kinder behalten das Gehörte, erzählen
es den Ihrigen, sie reden von ihrem
Werk untereinander und mit ihren Ge-
sellschaftern, und legen also den Grund
zu besseren, zu menschenwürdigen Unterredungen. Diese Unterredungen mit der
Aufseherin müssen die Kinder auch
allmählig feiner, höflicher, gefälliger
bilden.

„Diese Anstalt erregt und ernährt
5) die erlaubte Ehrbegierde und
die in den niedern Ständen fast ganz
erstorbene Nacheiferung.

„Die schwächern Kinder üben sich
in der Lehrschule und zu Hause im Lesen,
Buchstabiren, Schreiben — fleissiger wie
sie's sonst thaten, um nicht lange aus
der Werkschule ausgeschlossen zu bleiben,
und die in der Werkschule wetteifern untereinander, um Lob, Beyfall der Lehrerin, die sie als ihre Mutter lieben,
kleine

kleine Belohnungen ihres Fleisses, ihrer Artigkeit, ihrer guten Sitten, ein Buch, ein paar Strümpfe, eine Mütze, ein Band — zu erhalten, und geliebter und geehrter zu werden. — Auch hievon sahen wir schon die Frucht.

„Nur ein Beyspiel will ich hersetzen.

„Ich wiederhohle in den Kinderlehren gewöhnlich die Predigt. Die Knaben schreiben sie nach; sie konnten daher allemal mehr, als die Mädgen daraus erzählen. Eins der letzteren aber zeichnete sich vor einigen Wochen durch gründliche Erzählungen, und Antworten vor Anderen besonders aus. Die Aufseherin fragte am Tage darauf in der Werkschule, als-hätte sie's nicht gekannt, nach dessen Namen, lobte es und ermunterte die Andern zur Nachahmung. Am folgenden Sonntage konnten schon mehrere das Gehörte eben so gut vortragen, und nachher fanden sich noch mehrere. Der Lehrer bewirkt dieß zwar auch, aber nicht bey so vielen, nicht so bald, nicht so lange daurend."

„In dieser Anstalt suchen und hoffen wir   6) gute

„6) gute Dienſtboten, dankbare Kinder gegen alte hülfloſe Eltern und Wohlthäter, die mit unnennbarer Härte oft behandelt und grauſam verlaſſen werden, und patriotiſche Unterthanen zu erziehen.

„Schon die Arbeiten, welche die Kinder lernen, aber auch die öfteren Geſpräche von den Pflichten und dem Werth guter Dienſtbothen, gehorſamer dankbarer Kinder und patriotiſcher Bür-ger, die von der Aufſeherin und Leh-rerin öfters geführt werden, müſſen dazu dienen, eher und ſicherer gute Dienſtbothen, edeldenkende Kinder und gehorſame Unterthanen zu bilden, als die Prämiencaſſen, die neulich in ei-nem ſonſt guten Buche vorgeſchlagen wurden, aber wohl nicht an vielen Orten zu Stande kommen, vielleicht auch nicht die gewünſchte Wirkung thun werden.‟

„ Dieſe Anſtalt iſt endlich

„ 7) ein Mittel das Erlangen der Kenntniſſe, die der Schullehrer den Kindern in der Lehrſchule beybringen muß, ſchneller, gewiſſer und wirkſamer für das gemei-

gemeine Leben, wie es sonst möglich war,
zu bewirken.

„Die Abwechslung der Beschäftigun,
gen hindert die beym Erlernen der nöthig,
sten und nützlichsten Sachen schädliche,
und Kindern, besonders lebhaften Kin,
dern, gewöhnliche Ermüdung.,,

„Die in dieser Anstalt arbeitenden Kin,
der sah ich in der Lehrschule stets munterer,
als die nicht darinn arbeitenden. Die
öftern Unterredungen von mancherley
Gegenständen schärfen ihren Verstand,
üben ihr Nachdenken; mehren ihre Sprach,
kenntniß, dies herrliche Mittel zur schnel,
len Aufklärung; üben ihr Gedächtniß und
ihre Beurtheilungskraft, und lehren sie,
die Religionslehren besonders, sogleich an,
wenden und gebrauchen.''

„Zwo Mädchen, Christine Erdmann,
und Luise Karl, die im vorigen Winter
die Werkschule besuchten, waren die Besten
unter den letzten Confirmanden, und ein
Knabe Johann Ilse, der jetzt die Werk,
schule besucht, ist der Beste unter den jetzi,
gen Confirmanden.

Die

„Die Abwechslung der Arbeiten, die Unterredungen, die kleinen Belohnungen, der mehrere Fleiß und die Vorbereitung auf die Lectionen zu Hause, endlich auch die kleinere und folglich leichter zu über, sehende Zahl der Kinder in der Lehrschule, die mehrere Ruhe, Stille und stete Be, schäftigung — fördern und beschleunigen der Kinder Geschicklichkeit. So wird diese Anstalt, was bloße Lehrschulen nicht sind, nicht seyn könen, eine Erziehungsanstalt.--"

Könnte man nicht auch in Städ, ten Arbeitsschulen errichten, wo die Ar, muth und der Luxus in gleichem Gra, de zunimmt? Sollten nicht die Waysen, häuser alle dazu eingerichtet werden? Und noch einmal warum ist die, allen Ständen, Aemtern und Würden so gemeinnützige Haushaltungswissenschaft aus Schu, len und Gymnasien verbannt? Profa, nirt sie etwa die höhern Wissenschaften?

— den 18ten Aug. 1789.

J. G. H.

Herrn

Hrn. Oberkonſiſtorialrath Büſchings

Grundriß

der

Haushaltungswiſſenſchaften.

§. 1.

Der Name zeiget ſchon, daß die allgemeine Haushaltungswiſſenſchaft,
von der beſondern Haushaltungskunſt in
Städten und auf dem platten Lande, un-
terſchieden ſey.   Sie betrift blos die Lehren und Regeln, wie Güter klüglich
und gewiſſenhaft erworben, verwaltet
und erhalten werden müſſen.

§. 2.

Unter Gütern, werden nicht blos
Häuſer und Ländereyen, ſondern auch baa-
res Geld, Waaren, Schmuck, Hausrath,
und

und Bücher, verstanden. Alles zusammen genommen, heißet auch Vermögen.

Erwerbung des Vermögens.

§. 3.

Zuerst muß man wissen, wie Vermögen erlanget und erworben werden könne? Nemlich, entweder ohne, oder durch Mühe und Geschicklichkeit. Ohne Mühe und Geschicklichkeit kömmt man zu Vermögen, entweder durch Erbschaft, oder durch Schenkung und Vermächtniß, oder durch Lotterie-Gewinn. Schätze zu finden, ist etwas so seltenes, daß es hier kaum erwähnet werden kann, sie kommen auch in gewissen Fällen mehr dem Staat, als dem Finder zu Nutz.

§. 4.

Die Erbschaften von Eltern und Verwandten, sind zwar, dem Ansehen nach, die erste Quelle des Vermögens: allein dessen nicht zu gedenken, daß selbst begüterter Eltern und Verwandten Vermögen, durch Verschwendung und Unglücksfälle verlohren gehen

gehen kann: so macht der jetzige Zustand
der Welt, daß man selten darauf rechnen
darf. In der That sind auch die Eltern
nur verpflichtet, für ihre Kinder so lange
zu sorgen, bis sie erzogen, und zur eigenen
Erwerbung ihres Unterhalts tüchtig gemacht
worden: Verwandte aber können mit ihrem
Vermögen, wo nicht ganz, doch größtentheils
willkührlich verfahren; Adeliche, welche Lehn=
güter und Majorate besitzen, ausgenommen.

§. 5.

Es ist nicht ungewöhnlich, daß jemand
durch Schenkung und Vermächtniß zu
Gütern gelangt. Dergleichen geschiehet, theils,
wenn jemand, der keine Kinder hat, ei=
nen Seitenverwandten, auch wohl einen
Fremden, an Kindesstatt annimmt, und ihm
unter gewissen Bedingungen seine Güter
schenkt oder vermacht, theils, wenn über=
haupt jemand einem andern durch man=
cherley Veranlassung, entweder bey seinen
Lebzeiten etwas beträchtliches giebt, oder
ihm dergleichen in seinem Testament ver=
schreibet. Wer dieses seltenen Glücks theil=
haftig wird, hat Ursache, das Andenken sei=
nes Wohlthäters in Ehren zu halten.

C   §. 6.

§. 6.

Die Lotterien von verschiedener Art, durch welche entweder ganze gemeine Wesen sich zu helfen, oder Landesherren frommen Anstalten ein Vermögen, und einzelnen Personen Hülfe zu verschaffen, oder ihre eigene Einkünfte zu vermehren suchen, sind in neuern Zeiten sehr häufig und gemein, aber eben dadurch dem größten Haufen der Theilnehmer, sehr schädlich, und wenigen eine Quelle dauerhaften Vermögens geworden. An dem Schaden, nehmen weit mehrere, als an dem Nutzen Antheil; — für gemeinnützige Anstalten aber sind in jedem Lande freywillige Beyträge zu erlangen, wenn man öffentlich nur von der guten Beschaffenheit solcher Anstalten, und von der Treue der Aufseher derselben, überzeugt ist, und der Staat kann sich durch Auflagen helfen, welche nur seine begüterten Glieder treffen. Weil der Verlust in Lotterien, weit gemeiner und gewisser ist, als der Gewinn, so muß niemand Theil daran nehmen, den der Verlust entweder für die jetzige oder künftige Zeit in Verlegenheit setzen, und dem selbst der seltene Gewinn ein

ein gefährlicher Reitz werden kann, zu sei=
nem Unglück zu viel in Lotterien zu wagen.

§. 7.

Die Erlangung der Güter durch
Mühe und Geschicklichkeit, (§. 3.) muß
auch sittlich gut seyn, wenn sie angeprie=
sen werden soll. Also ist der Unterricht
von derselben theils warnend und vernei=
nend, theils empfehlend. Dieser Eintheil=
lung gemäß, reden wir erstlich von den un=
rechtmäßigen, und zweytens von den recht=
mäßigen Erwerbungsmitteln.

§. 8.

Man muß nicht durch Diebstahl, Räu=
berey und andere Gewaltthätigkeit, Ver=
mögen zu erwerben suchen; denn diese Mit=
tel sind ihrer Natur nach unrechtmäßig,
und durch bürgerliche Gesetze verboten.
Der Diebstahl, versteckt sich zuweilen bey
Hebungsbedienten und Verwaltern fremder
Güter, unter dem scheinbaren Namen ei=
nes erlaubten Vortheils. Es scheinet zwar,
als ob im Kriege die Gewaltthätigkeit, wel=
che an Feinden ausgeübet wird, um sich

durch

durch das Vermögen derselben zu bereichern,
durch den Kriegsgebrauch, und auf andere Weise, entschuldiget werden könne: allein wer ein Menschenfreund und gewissenhaft ist, wird sich auch von dieser Gewaltthätigkeit enthalten.

§. 9.

Auch Ungerechtigkeit, Betrug und
Hinterlist, deren Arten sehr mannigfaltig sind, müssen nicht als Mittel Vermögen zu erlangen, angesehen und gebraucht
werden. Hauptarten der Ungerechtigkeit,
welche hieher gehören, sind, wenn Befehls-
haber und Richter das Recht um ihres Nu-
zens willen beugen, und wenn andere durch
Processe Vermögen zu erlangen suchen. Ein
Sachwalter kann ein gefährlicher Diener
der Ungerechtigkeit werden. Betrug kann
insonderheit auch von Hebungsbedienten,
Kaufleuten, Künstlern und Profeßionisten,
und Hinterlist von diesen und anderen Personen, ausgeübet werden. Alle diese Erwerbungsmittel, sind dem natürlichen und
bürgerlichen Recht entgegen, und werden
von der christlichen Religion insonderheit ver-
abscheuet.   §. 10.

§. 10.

Das Charten - Würfel - Brett - Schach - Billard - oder irgend ein anderes Spiel, zum Erwerbungsmittel zu gebrauchen, ist so gefährlich, daß man nicht genug dafür warnen kann. Diese Spielarten, haben von jeher sehr wenige reich, wohl aber viele arm gemacht, auch Mißvergnügen, Zank, Schlägerey, Zweykampf, Todschlag, Selbstmord, Betrug, und andere unglückliche Folgen und Schandthaten nach sich gezogen; des unersetzlichen Zeitverlustes, und der schädlichen Entwöhnung von ernsthaften, gemeinnützigen und pflichtmäßigen Geschäften und Arbeiten, welche bey vielen daraus entstehet, nicht zu gedenken.

§. 11.

Der Geitz, erzeuget viel unanständige und niederträchtige Ersparungs - und Erwerbungsmittel, welche die Person und das Amt beschimpfen, auch denjenigen, welcher sie ausübet, eben so unerträglich hart gegen sich selbst und die Seinigen, als gegen andere machen; andere nicht nur zu rechtmäßigen Klagen, sondern bisweilen auch zur

Ver-

Verzweiflung bringen, und also von einem jeden recht = und gutdenkendem Menschen vermieden werden müssen. Ein Bewegungsgrund dazu, kann auch die tägliche Erfahrung seyn, daß das dadurch erlangte Vermögen, von denjenigen, welchen es von dem Erwerber hinterlassen wird, gemeiniglich bald wieder liederlich verschwendet wird, und also den Erwerber schon bei seinen Lebzeiten in anderer Augen lächerlich macht, ihn auch von seiner eignen Thorheit überzeugen würde, wenn er nur recht vernünftig denken wollte oder könnte.

§. 12.

Endlich ist auch die aus Faulheit entstehende Betteley, zu vermeiden, sie mag nun bloß die Nothdurft, oder, welches sich zuweilen zuträgt, sogar ein kleines Vermögen verschaffen. Sie ist schändlich und strafbar, weil ein jeder Mensch zu nützlicher Arbeitsamkeit verpflichtet ist, und durch die erwähnte Betteley andern zur Arbeit untüchtigen Armen viel entzogen wird.

§. 13.

Es folgen nun die rechtmäßigen Erwerbungsmittel (§. 7.) oder diejenigen, deren

deren man sich bedienen darf und muß. Zu denselben gehöret erstlich, alle Erkenntniß und Geschicklichkeit, welche im gesellschaftlichen Leben nützlich seyn kann, die man so frühzeitig und so groß als es möglich ist, zu erlangen, und von Zeit zu Zeit zu vermehren, auch der wirklichen Bedürfniß der Zeit und des Orts gemäß, einrichten muß.

§. 14.

Erlangte Erkenntniß und Geschicklichkeit, kann nur alsdann ein Erwerbungsmittel werden, wenn man durch dieselben im gesellschaftlichen Leben Dienste zu leisten willig ist, und Gelegenheit hat. Die letzte fehlet niemals, zumal wenn man sich an keinen Ort bindet, oder binden läßt, sondern der vorkommenden Gelegenheit gemäß hingehet, wohin man zu gehen gute bewegende Ursachen findet. Eine Person von vorzüglicher Erkenntniß und Geschicklichkeit, darf die Gelegenheit zu vortheilhaften Diensten nicht einmal suchen, sondern wird sobald sie bekannt geworden, von andern gesucht, welches letzte auch rühmlicher, sicherer und vortheilhafter ist.

C 4   §. 15.

§. 15.

Alle Dienste, denen wir uns wid=
men, müssen überhaupt, nach philoso=
phischer und bürgerlicher Schätzung, ehr=
lich und zugleich christlich seyn; die er=
ste Eigenschaft, erfodert das gemeine Wesen,
dessen Mitglieder wir sind; die zweyte, die
Religion, zu welcher wir uns bekennen. Al=
les christliche ist auch ehrlich, aber noch
mehr, als dasselbige. Die Verwaltung
häuslicher Geschäfte, wollen wir Dienste,
und die Verwaltung öffentlicher Verrichtun=
gen, Aemter nennen.

§. 16.

Viele dieser Dienste sind nur von
gemeiner und geringer Art; und werden
entweder dem ganzen Staat, oder besondern
Gesellschaften, oder einzelnen Personen, durch
Aufwartung und Handarbeit geleistet. Nicht
wenige erwählen dieselben, weil sie zu Aemtern
und Gewerben nicht geschickt sind; andere,
weil sie zu beyden keine gute Gelegenheit
haben; und noch andere, wenn sie ihr Amt
oder Gewerbe fahren lassen müssen. Die
Stufen ihrer Würde und Vortheile, sind
sehr

sehr verschieden, sie haben oft das Ansehen
eines Amts, und verschiedene Personen
zeigen und erwerben sich in denselben solche
Freiheit und Geschicklichkeit, daß sie zu an-
sehnlichen Aemtern erhoben werden.

§. 17.

Andere Dienste, sind Aemter, oder
aufgetragene und bestimmte öffentliche Verrich-
tungen, mit welchen Besoldung und öffentlicher Rang verknüpft ist. Sie sind von sehr
verschiedener Art und Würde; aber insgesammt
der Regel unterworfen, daß sie auf eine rechtmäßige und rühmliche Weise erlangt, und sowohl ihrer Bedürfniß, als der Anweisung gemäß, gewissenhaft verwaltet werden müssen.

§. 18.

Aemter, deren festgesetzte und gewisse
Einkünfte zu einem gemäßigten Aufwande hin-
länglich sind, haben für Menschenfreunde von
zärtlichem Gewissen, einen größern Werth,
als Aemter, welche an zufälligen Einkünften
weit einträglicher sind, oder seyn können.
Es kann zwar ein jedes Amt als ein Kapital angesehen werden, welches sich durch

C 5   die

die Einkünfte die es bringt, verzinſet:
allein man muß kein Amt in der Abſicht
wünſchen oder ſuchen, um an demſelben
ein Kapital zu haben, mit welchem man
wuchern könne.

§. 19.

Auch Handwerker, Künſte und Gewerbe, erfodern guten Verſtand, mancherley nützliche Erkenntniß, und durch Uebung
erlangte Geſchicklichkeit, wenn ſie zum gemeinen Nutzen gereichen, und diejenigen, welche dieſelben treiben, ernähren ſollen. Ihr
Werth iſt faſt eben ſo mannigfaltig, als ihre
Art; überhaupt aber kann man ſagen, daß
diejenigen, welche zum Nutzen des gemeinen
Weſens dienen, einen Vorzug vor denjenigen haben, welche nur ſinnliches Vergnügen
und Zeitvertreib verſchaffen, obgleich die letzten gemeiniglich einträglicher ſind, als die
erſten, weil es in allen Ständen viele müßige
und bloß ſinnliche Menſchen giebt.

§. 20.

Fehlet es denen, welche ſie treiben, an
ehrlicher und chriſtlicher Geſinnung, ſo gebrauchen ſie ihre Geſchicklichkeit mehr zu ih-

rem

rem besondern, als zum allgemeinen Nutzen, welches desto unverantwortlicher ist, da red=lich = und christlich = gesinnte Menschen dieser Klasse, bey vorzüglicher Geschicklichkeit, Ar=beitsamkeit und Klugheit, auch ihren eignen Vortheil, auf eine rechtmäßige und gewissen=hafte Weise, oft ansehnlich befördern können. Uebrigens theilen sich die Handwerker, Künste und Gewerbe, in städtische und ländliche.

§. 21.

Ein anderes Erwerbungsmittel, ist anhaltender Fleiß, oder beständige Ar=beitsamkeit, die aber doch die Kräfte nicht übersteigen und schwächen muß, es wäre denn entweder zum gemeinen Nutzen, oder zur pflichtmäßigen Unterhaltung unserer selbst und unserer Familien, eine unmäßig große Anstrengung nöthig. Wenn die Arbeitsamkeit mit guter Lebensordnung verknüpft ist, so schadet sie den Kräften nicht, sondern stärket und erhält dieselben. Es ist auch kein Ver=mögen rühmlicher, als dasjenige, welches durch Mühe und Arbeit gewissenhaft erwor=ben wird.

§. 22.

§. 22.

Es ist ferner ein Erwerbungsmittel, wenn man alles, was man nicht
zur wahren Nothdurft für sich und die Seinigen, und zur pflichtmäßigen Wohlthätigkeit für andere gebraucht, zu erübrigen
sucht; oder auf eine edle Weise spar-
sam ist; und das ersparte nicht nur sicher
verwahrt, sondern auch so vortheilhaft an-
legt, daß es sich nach und nach vermehret;
ohne durch gewissenlosen und schändlichen Wucher, insonderheit den, welcher mit dem leihen auf außergerichtliches Unterpfand, getrie-
ben wird, befleckt zu seyn. Solcher Wucher
drücket diejenigen, welche nicht um des Ge-
winns willen, sondern aus Dürftigkeit leihen.

§. 23.

Auch der erlangte Credit, oder das
gute Vertrauen, mit welchem andere Personen uns ihre Güter zum nützlichen Gebrauch
auf eine Zeitlang, und in Hofnung richtiger
Wiederstattung, überlassen; kann ein sehr
vortheilhaftes Erwerbungsmittel werden, wenn
man ihn mit Klugheit und vorsichtiger Sorg-
falt nutzet, und mit gewissenhafter Redlichkeit
unterhält.   §. 24.

§. 24.

Ein kluges Verhalten, sowohl in vortheilhaften, als widrigen Vorfällen und Umständen; um von jenen allen erlaubten Nutzen zu ziehen, und in diesen den möglichen Schaden entweder zu verhüten, oder zu vermindern, oder doch zu grösserer Vorsichtigkeit aufs künftige zu nutzen; kann zu einem guten Vermögen mit verhülflich seyn; muß also auch dazu gebraucht werden.

§. 25.

Das Vertrauen auf Gott, ermuntert und stärket alle Kräfte, welche angewendet werden können, um etwas gewissenhaft zu erwerben; es macht auch denjenigen bey welchem es sich findet, des Segens Gottes fähig, und ist also bestens zu empfehlen.

§. 26.

Die Vortheile, welche durch die bisher beschriebenen Mittel erworben werden; und die zugleich angewandten Kosten übertreffen, oder ein Gewinn sind; können alsdann schon für erheblich angesehen werden, wenn sie einem jeden seine wahre

und

und standesmäßige Nothdurft darreichen. Verschaffen sie ihm auch Bequemlichkeit und Ueberfluß, so sind sie desto wichtiger.

Verwaltung des Vermögens.

§. 27.

Die Verwaltung dessen was man sich durch rechtmäßige Mittel erworben hat, erfordert überhaupt gute Gesinnung und wahre Klugheit. Folgende Regeln werden das wichtigste, was insonderheit dazu gerechnet werden kann, begreifen.

§. 28.

Ein empfindsamer und guter Mensch, kann und wird den Beystand und Segen Gottes in seinen täglichen Bemühungen nicht erfahren, ohne dem milden Vater der Menschen dafür aufrichtig zu danken. Diese Dankbarkeit vermehret unser Zutrauen zu Gott, welches uns in allem was wir thun, stärket und ermuntert.

§. 29.

Der Grund aller guten Verwaltung des Vermögens, ist ein richtiger Ueberschlag

schlag der Einkünfte und Ausgaben.
Sind die ersten gewiß, (welches etwas sehr
schätzbares, selbst alsdann ist, wenn sie nicht
groß sind,) so sind sie die Regel und Richt=
schnur für die nothwendigsten Ausgaben. Sind
sie entweder ganz, oder zum Theil zufällig;
so muß der Anschlag der Ausgaben, nach
dem geringsten wahrscheinlichen Betrag der
Einkünfte gemacht werden.

§. 30.

Alle Ausgaben müssen nach dem ent=
weder gewissen oder wahrscheinlichen Betrag
der Einkünfte, um deßwillen bestimmet und
eingeschränket werden, weil sonst Mangel
und Schulden entstehen, wodurch unser
Zustand im Anfang zwar wenig, nach und
nach aber immer mehr und mehr zerrüttet
wird; so daß endlich Credit und guter Na=
me, und wohl gar Sicherheit und Leben,
in Gefahr gerathen, ja verloren gehen.
Niemand muß Schulden machen, oder ma=
chen wollen; und Geld leihen, oder lei=
hen wollen; der nicht voraus weiß und
beschließet, daß er werde bezahlen können
und wollen.

§. 31.

§. 31.

Ist es hingegen auf irgend eine Weise möglich, so muß man einen Theil seiner Einkünfte zu nicht vorherzusehenden Ausgaben; — die man aber doch wegen eigener und fremder Erfahrung als wahrscheinlich annehmen kann, und dergleichen Krankheiten, Sterbefälle, sogenannte Unglücksfälle, Reisen, 2c. sind, — aufheben und anwenden. Tritt der Fall der ausserordentlichen Bedürfnisse in dem nächsten Jahr nicht ein, so wird das ersparte entweder auf eine andere Weise nützlich angelegt; oder gar zu Kapital gemacht werden können.

§. 32.

Ordnung ist die Seele der Haushaltung; das heißt: so viel auf die Seele in der Bewegung des Körpers ankommt, eben so viel kommt auch auf die Ordnung in Ansehung der Haushaltung an. Sie bestehet aber darinn, 1) daß alles zu rechter Zeit angeschafft wird; 2) daß jede Sache, so viel möglich ist, ihren rechten und bequemen Ort bekommt, damit sie vor Beschädigung bewahret werde; und gut beobach-

tet,

tet, und leicht gefunden werden könne:
3) daß alles, was unvermeidlich schadhaft
wird, zu rechter Zeit verbessert, so wie
überhaupt alle Vergrößerung eines Uebels,
durch zeitige Verfügung gehindert werde;
4) daß jede gewöhnliche oder tägliche Sache zu einer bestimmten Zeit geschehe; 5)
daß das nothwendige allezeit dem nützlichen,
und dieses allemal dem angenehmen vorge-
zogen werde; 6) daß kein nöthiges und
nützliches Geschäft, entweder aus Faulheit,
oder aus Nachläßigkeit, aufgeschoben, und
dadurch die bequeme Zeit für dasselbige ver-
absäumet werde; 7) daß man so viel möglich ist, nichts kaufe und anschaffe, als
was man bezahlen kann, aber auch alles
gleich bezahle, und keine Rechnung halten
lasse!

§. 33.

Man kann von dem schon erwor-
benen Vermögen einen Theil wagen,
um zu versuchen, ob man dadurch etwas ansehnlicheres gewinnen könne, als
durch gewöhnliche Zinsen geschehen kann:
allein, es muß nur so viel seyn, als man

D   allens

allenfalls ohne Zerrüttung seines Zustandes
entbehren kann, wenn es aller angewandten
Vorsichtigkeit ungeachtet, verloren gehen soll-
te. Beyspiele solcher Gelegenheiten, bey welchen ein Theil des Vermögens mit Beyfall
der Vernunft und des Gewissens gewaget
werden kann, sind: Versuche in der
Handlung, im Bergbau, in Manu-
facturen und Fabriken.

§. 34.

Alle rechtmäßig erworbene Güter,
müssen nun auch auf eine vernünftige
und christliche Weise gebraucht werden,
nemlich erstlich: zur hinlänglichen Versor-
gung seiner selbst und der Seinigen, mit
Wohnung, Kleidung, Wärme, Speise und
Trank. So wenig der Ueberfluß und die
Verschwendung in allen diesen Stücken, den
Beyfall des Verstandes, des Gewissens und
des vernünftigen Theils der Mitbürger, verdienet, eben so wenig verdienet denselben
die karge Sparsamkeit, durch welche man
sich selbst und den Seinigen in allen den ge-
nannten Stücken etwas von der wahren Noth-

durft

durft entziehet, und dadurch in Gefahr setzet, Gesundheit und Leben zu verlieren.

§. 35.

Zweytens, zur Beobachtung dessen, was eines jeden Stand und Amt, und die allgemeine Gewohnheit des Orrts seines Aufenthalts, erfodert. Nicht zuviel und nicht zu wenig, ist die kurze Regel, auf deren B⸗bachtung hierinn alles ankömmt. Bey angestellter vernünftiger Ueberlegung aller Umstände, wird die Mittelstraße bald entdeckt. Es ist mehr Stärke des Geistes nöthig, um das Uebermaaß zu vermeiden, als um nicht zu wenig zu thun.

§. 36.

Drittens, zu wirklicher Ausübung aller Arten der Menschenliebe, gegen Freunde, Fremde, Arme, Kranke und andere Hilfsbedürftige. Wie weit dieselbige gehen müsse? lehren den Menschenfreund Vernuftn und Gewissen, Zeit und Umstände, besser als Regeln, daher ist nur das folgende überhaupt davon zu sagen. Wer in dem Aufwande, den Gefälligkeit, Dienstwilligkeit,

Sta⸗

Gaſtfreiheit und Wohlthätigkeit verurſachen
und erfordern, das Maas ſeines Vermögens
überſchreitet, alſo nach und nach um ſein
Vermögen kommt, und wohl gar in Schulden und Armuth geräth, der übertritt die
Pflichten, welche er ſich und andern ſchuldig
iſt, eben ſo wohl als der Geitzige, welcher
nichts an andere Menſchen verwendet, ja
noch mehr als derſelbige, weil er zugleich
ein Betrüger wird.

§. 37.

Viertens, zur Belohnung nützlicher
und treuer Dienſte, welche uns von andern
Menſchen, inſonderheit von Bedienten, ge-
leiſtet worden; an denen ſie vorzüglich zu
der Zeit ausgeübet werden kann, da ſie im
Begriff ſind, ihre eigene Haushaltung anzu-
fangen. Solche Belohnungen ſind nicht nur
pflichtmäßig, ſondern auch nützlich, weil
ſie andere bewegen und reitzen, uns auch
Dienſte zu leiſten, die uns Nutzen und Vergnügen bringen.

§. 38.

Fünftens, zu untadelhafter und un-
ſchädlicher Bequemlichkeit, und zum erlaub-

ten

ten und edlen Vergnügen. Beyde müssen
zwar wichtigern Pflichten nachstehen, sind
aber nicht nur erlaubt, sondern sogar pflichtmäßig, weil sie von der Selbstliebe geforr
dert werden, und dem gemeinen Wesen gemeinnützige Leute erhalten.

Erhaltung des Vermögens.

§. 39.

Vermögen zu erhalten, oder es zu
bewahren, ist fast schwerer, als Vermögen
zu erwerben. Ist es ohne Mühe und Geschicklichkeit erlangt worden, (§. 3 ‒ 6.)
so wird es gemeiniglich weder sehr hoch ge-
achtet, noch gesparet, weil die Besitzer desselben nicht aus eigner Erfahrung wissen, wie
viel die Erwerbung kostet? Ueberhaupt aber
mag es mit oder ohne Mühe und Geschicklichkeit erlangt seyn, so kann es durch Un-
ordnung, Nachläßigkeit, Verschwendung,
Betrug, und vielerley Unglücksfälle, gar
leicht verringert werden, ja ganz verloren
gehen. Es ist also gut, wenn man dienli-
che Mittel kennet, durch welche der Ver-

D 3

minder

minderung und dem gänzlichen Verlust, vor-
gebeugt werden kann.

§. 40.

Dahin gehöret erstlich, zuversichtliches
Gebet zu Gott, ohne dessen väterliche Vor-
sehung, Vermögen weder erlangt noch erhalten werden kann, und den man um die
Bewahrung des erlangten Vermögens alsdann mit desto größerm Vertrauen anrufen
kann, wenn man dasselbige weder auf eine übertriebene Weise achtet, noch pflichtmäßig anzuwenden unterläßt.

§. 41.

Zweytens, eine nicht nur jährliche
sondern mehrmalige richtige Berechnung dessen, was man eingenommen und ausgege-
ben hat, um den Zustand seines Vermögens genau zu wissen, und dieser Erkenntniß
gemäß seine Ausgaben entweder einzuschrän-
ken, oder zu vergrößern. Wer seine Einnahme und Ausgabe durch andere verwal-
ten läßt, muß sich schlechterdings Zeit dazu nehmen, ihre Rechnungen genau durch-
zusehen, damit er den wahren Zustand
dersel-

derselben kenne, sonst ist er in Gefahr arm
zu werden.   Auch die Forderungen und
Gegenforderungen,   müssen verzeichnet und
berechnet,   und die dazu gehörigen Urkun-
den, sorgfältig verwahret werden, damit sie
nicht nur nicht beschädiget werden und verloren gehen, sondern auch jederzeit zur Hand
sind,   wenn man sie gebrauchen will und
muß,   und nach unserm Tode,   unsere Er-
ben wissen woran sie sind.

§. 42.

Wenn unser Vermögen entweder ganz
oder zum Theil, in Häusern, Aeckern, Wiesen,   Gärten,   Holzungen,   Viehzucht,
Fischerey und Jagd bestehet, so ist drittens nützlich und nöthig, daß wir von
Zeit zu Zeit den Werth dieser sogenannten
unbeweglichen Güter u. versuchen, und wenn
er sich verändert hat,   unsere Haushaltung
darnach einrichten.   Die Schätzung kann
entweder von Personen,   welche dazu tüchtig,   auch wohl von der Obrigkeit bestellet
sind, oder also geschehen, daß man die Einkünfte von verschiedenen Jahren zusammen-
nimmt,   und was herauskommt,   durch die

Zahl

Zahl der Jahre theilet, da sich dann eine mitt-
lere Summe zeiget, welche man für die Einkünfte rechnen, diese aber als drey, vier,
fünf und mehr von hundert, betrachten kann.

§. 43.

Viertens, muß man sehr dafür sorgen, daß die unbeweglichen Güter weder
in Ansehung der Größe noch Güte abneh-
men, auch vor Schaden soviel als möglich
ist, bewahret werden. Also muß man
1) von einem Landgut nicht nur genaue
Verzeichnisse seines Zugehörs, sondern auch
eine richtige Charte haben, die sich auf genaue Ausmessung gründet. 2) Die Aecker,
Wiesen, Holzungen, mit einem Wort das
ganze Gut, mit Gränzzeichen auf eine glaub-
würdige Weise versehen, und dieselben sorgfältig unterhalten. 3) Alle Beschädigung
welche durch Ueberschwemmung, Feuer, Wind,
Wild, zahmes Vieh, auch boshafte und
leichtsinnige Menschen, geschehen kann, durch
die dienlichsten Mittel zu verhüten suchen;
dergleichen Gräben, Dämme und Deiche, Ab-
leiter des Blitzes, gute Feueranstalten, Mauern,
Zäune und Schlagbäume sind. 4) Sobald
eine

eine Beſchädigung erfolget iſt, derſelben abzu-
helfen ſuchen, ehe ſie durch Nachläßigkeit
größer wird.

§. 44.

Man muß auch fünftens genue Verzeichniſſe aller ſeiner großen und kleinen
Mobilien, rohen Materien, Waaren und
übrigen beweglichen Güter haben, dieſelben oft beſehen und zählen, und ſoviel
möglich iſt, verhüten, daß ſie weder verloren, noch beſchädiget werden. Was aber
dem ungeachtet von Zeit zu Zeit abgehet,
verdirbt und neu angeſchafft wird, muß
auch in die Verzeichniſſe eingetragen werden. Es iſt oft eine Pflicht, dergleichen
Sachen andern auf kürzere oder längere
Zeit zu leihen, es muß aber niemals ge-
ſchehen, ohne daß man aufſchreibet, an wen,
und wenn ſie verliehen worden? ſonſt werden ſie leicht vergeſſen, und nicht wieder
gegeben.

§. 45.

Bey Ausleihung kleiner und großer
Summen baaren Geldes, und anderer Gü-
ter, iſt große Vorſichtigkeit und ſtrenge
Beobachtung aller geſetzmäßigen Formali-

täten

täten nothwendig, damit man nichts verab-
säume, was zur Sicherheit des Darlehns nöthig und dienlich seyn kann. Auf gleiche
Weise muß man sehr vorsichtig verfahren,
wenn man andern Personen seine Güter
zu verhandeln anvertrauet, weil Gewinn-
sucht und List leicht einen verdeckten Betrug verursachen können.

§. 46.

Bey aller angewandten Vorsichtigkeit
und Klugheit, ist es dennoch möglich, daß
das Vermögen durch Zufälle, die man weder vorher sehen, noch hindern können, entweder ganz oder zum Theil verloren gehe.
Trägt sich ein solcher Verlust zu, so ver-
ursachet er natürlicher Weise Traurigkeit, er
ist aber doch nicht so wichtig, daß man
Ursache hätte, sich darüber todt zu grämen,
sondern man muß durch Geschicklichkeit und
Arbeit eben das auszurichten suchen, was
man vor der Erwerbung des verlornen Vermögens ausgerichtet hat, und sein Gemüth
zur Zufriedenheit und Vertrauen auf Gott
ermuntern, welcher dergleichen Verlust zuweilen um einer heilsamen Prüfung willen

ver-

verhänget, aber auch durch seine Vorse-
hung wieder ersetzet, wenn er es uns nützlich findet.

Nacherinnerung zu dieser Ausgabe.

Sprüchwörter, in Bezug auf die Haushaltungswissenschaft sammlen und mit schicklichen kleinen Erzählungen erläutern, wäre die beste Methode, die allgemeinen Lehren deutlicher, angenehmer und dem Gedächtniß der jungen Leute erinnerlicher zu machen. Zum Beyspiel, wie viel Nützliches könnte bey nachstehenden Sentenzen gesagt werden:

— Wers selbst angreift, der hats in Händen. — — Das Glück hilft denen, die sich selber helfen. — Faulheit verzehrt gleich dem Roste, mehr

als

als Arbeit, und ein gebrauchter
Schlüssel ist immer blank. — Ein
schlafender Fuchs fängt kein Huhn.
Trägheit gehet langsam voran, und
Armuth gehet geschwind hinten her.—
Wer von der Hoffnung lebt, stirbt
am Fasten. — Lotterieloose sind
Eingangszettel ins Hospital. — Wer
Kopf hat, hat ein Ehrenamt. —
Dem fleißigen Mann gukt der Hun-
ger nur ins Fenster, ins Haus darf
er nicht kommen. — Arbeitsamkeit
ist des Glückes Mutter. — Ein
Heute ist besser als zwey Morgen.—
Ein Tropfenfall hölt endlich einen
Stein aus, und durch Mühe und
Zeit kann die Maus ein Schifstau
zerbeisen. — Durch kleine Streiche
fällt endlich die Eiche. — Vergnü-
gun-

gungen werden dir nachlaufen, wenn
du sie nicht suchest, und sie werden
dich fliehen, wenn du ihnen nach-
läufst. — Eine fleißige Spinne
hat ein grosses Gewebe. — Ein
Stein, der oft gewälzt wird, be-
graset nicht. — Drey Veränderun-
gen eines Wohnsitzes sind so gut
als eine Feuersbrunst. — Behalte
deinen Laden, so wird dein Laden
dich behalten. — Des Herrn Auge
hilft mehr als seine Hände. — Sorg-
losigkeit ist gefährlicher als Unwiß-
senheit; weil der Hufnagel fehlte,
wards Hufeisen verlohren, und durch
Verlust des Hufeisens gieng Pferd
verlohren. — Wer nicht über seine
Arbeiter wacht, der läßt ihnen seinen
Beutel offen. — Wer nicht sowohl

zu

zu sparen als zu gewinnen weiß, der
mag die Nase Zeitlebens auf dem
Mühlsteine haben, er wird doch kein
Gerstenkrütz hinterlassen. — Ist die
Küche fett gewesen, so wird die Ver-
lassenschaft mager seyn; — Durch
ganz Amerika wird ja Spanien nicht
reich, weil es mehr ausgiebt, als
einnimmt. — Eine Narrheit kostet
mehr zu erhalten, als zwei Kinder. —
Aus kleinen Körnern entstehet ein
Berg; — Die Narren haben Gaste-
reyen, und die Weisen speisen daran; —
ein leckes Brett kann ein ganzes
Schiff versenken. — Kaufe du was
du nicht brauchst, und du wirst
bald das verkaufen müssen, was du
brauchst; — Scharlach und Seide,
Sammt und Atlaß löschen das Feuer
in

in der Küche aus. — Borgen macht Sorgen. — Wenn der Brunnen trocken ist, weiß man erst den Werth des Wassers. — Wenn die Geringern den Vornehmen nachäffen, so ist es grade, als wenn der Frosch ein Ochs werden will. — Das erste Laster ist Schulden machen; das zweyte Lügen; Lügen sitzt dem Schuldner auf der Schulter. — Ein leerer Sack stehet nicht aufrecht. — Es ist leichter zwey Feuerheerde zu bauen, als auf einem einzigen beständig Feuer zu unterhalten. —

In jeder Stadt und Provinz giebt es mehr dergleichen gangbare Sprüche; welche gesammlet und bey dem Unterricht erläutert zu werden verdienen. Sprüchwörter sind, wie einige Kunstrichter sehr wohl bemerkt haben, ein wahrer Nationalschatz. —

H.